spot

CLIMA EXTREMO

LAS VENTISCAS

por Anastasia Suen

AMICUS | AMICUS INK

quitanieves

ventisquero

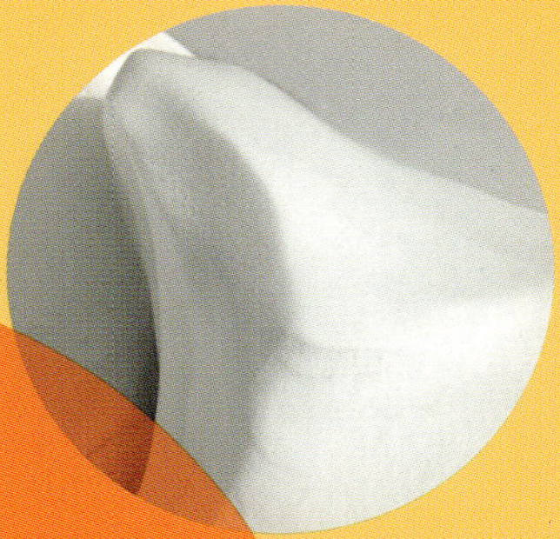

Busca estas palabras e imágenes mientras lees.

termómetro

copos de nieve

Brrrr. ¡Se acerca una ventisca! Es una tormenta de nieve de invierno.

-60
-40
-20
0
20
40
60
80
100
120
°F
°F
-50
-40
-30
-20
-10
0
10
20
30
40
50
°C
°C

¿Ves el termómetro? Hace mucho frío. El agua se congela por debajo de los 32 °F (0 °C).

termómetro

¿Ves los copos de nieve? El agua congelada se convierte en hielo. Se forman cristales que hacen la nieve.

copos de nieve

Viento rápido sopla la nieve. Se hace difícil ver. Durante la tormenta de nieve se pierde totalmente la visibilidad.

ventisquero

¿Ves el ventisquero? La nieve vuela por todas partes. Se acumula. Es profunda.

¿Ves el quitanieves? La tormenta ha terminado. El quitanieves despeja el camino.

quitanieves

06-05
Facilities
Management

Alex se mantiene calentito. Está a salvo adentro.

quitanieves

ventisquero

¿Lo encontraste?

termómetro

copos de nieve

Spot es una publicación de Amicus y Amicus Ink
P.O. Box 1329, Mankato, MN 56002
www.amicuspublishing.us

Library of Congress Cataloging-in-Publication Data
Names: Suen, Anastasia, author.
Title: Las ventiscas / Anastasia Suen.
Other titles: Blizzards. Spanish
Description: Mankato : Amicus, [2021] | Series: Spot clima extremo | Audience: Ages 4-7 | Audience: Grades K-1
Identifiers: LCCN 2019050245 (print) | LCCN 2019050246 (ebook) | ISBN 9781645491941 (library binding) | ISBN 9781681527239 (paperback) | ISBN 9781645492207 (pdf)
Subjects: LCSH: Blizzards—Juvenile literature. | Winter storms—Juvenile literature. | Severe storms—Juvenile literature.
Classification: LCC QC926.32 .S8518 2021 (print) | LCC QC926.32 (ebook) | DDC 551.55/5—dc23
LC record available at https://lccn.loc.gov/2019050245
LC ebook record available at https://lccn.loc.gov/2019050246

Impreso en los Estados Unidos de America

HC 10 9 8 7 6 5 4 3 2 1
PB 10 9 8 7 6 5 4 3 2 1

Alissa Thielges, editora
Deb Miner, diseñadora de la serie
Ciara Beitlich, diseñadora de libro
Aubrey Harper, investigación fotográfica

Créditos de las imágenes: iStock/SergeyVButorin cover, 16; Shutterstock/Zbigniew Dorighi 1; Shutterstock/Sonja Foos 3; Shutterstock/Gary Whitton 4–5; Alamy/Yanika Panfilova 6–7; Shutterstock/Mikadun 8–9; Shutterstock/blurAZ 10–11; Alamy/Rubens Alarcon 12–13; Getty/Hero Images 14–15

SPOT CLIMA EXTREMO

HAYA AÚN MÁS TEMAS DE SPOT EN

amicuspublishing.us

spot

978-1-68152-723-9 U.S. $9.99

50999

9 781681 527239

amicus ink

LOS INCENDIOS FORESTALES